USAGES

ET

RÈGLEMENTS LOCAUX

DU CANTON DE RUMILLY

Servant de complément à la loi civile

RUMILLY

—

ALEXIS DUCRET, IMPRIMEUR-ÉDITEUR

—

1883

USAGES

ET

RÈGLEMENTS LOCAUX

DU CANTON DE RUMILLY

Servant de complément à la Loi civile

RUMILLY

—

ALEXIS DUCRET, IMPRIMEUR-ÉDITEUR

—

1883

PROCÈS-VERBAL

*de la séance tenue à Rumilly, dans la salle de
la Mairie, le 5 février 1883.*

Les soussignés,

Considérant qu'il existe, dans le canton de Rumilly, un certain nombre d'usages locaux qui ont force de loi ; mais que ces usages n'ont jamais été recueillis ni constatés ; que, dans un grand nombre de cas, des contestations s'élèvent, qui n'ont d'autres causes que l'incertitude dans laquelle on se trouve à ce sujet, et qu'il en résulte la nécessité de faire procéder à des enquêtes dont les résultats restent souvent douteux et dont les frais sont toujours considérables ; qu'il est d'un intérêt général de combler cette lacune.

Après délibération, ont recueilli, constaté et coordonné comme il est indiqué ci-après, les usages locaux constants et reconnus, qui ont pour objet de compléter les dispositions du code civil et de quelques lois spéciales, dans les cas particuliers expressément prévus par le législateur, ou de servir à l'interprétation des actes et conventions.

Rumilly, le 5 février 1883.

Ont pris part à cette délibération :

Rumilly. — MM. Gantin Félix, notaire, conseiller général ; Comoz Paul-François, 1er adjoint, conseiller d'arrondissement; LaRavoire Charles, notaire, 2me adjoint, conseiller d'arrondissement; Bouvier, notaire; Croisollet, notaire; Cheissel Jean; Cheissel Joseph; Ducret Laurent; Ducret Alexis; Collonge Louis; Gaimoz Francisque; Demotz de la Salle Alexandre; Simonet Claude; Baud Henri; Morand, géomètre; Benoit, géomètre; Rivollier Louis; Bocquin Ignace; Lacoste François.

BLOYE. — MM. Chapuis J.-Claude, maire; Bauquis Louis; Cuidet Joseph.

BONNEGUÈTE. -- M. Duffourd Jean, maire.

BOUSSY. — MM. Comoz François, maire; Comoz Joseph; Pallud Louis; Bachelard Claude.

CREMPIGNY. — M. Guillermin François, maire.

ETERCY. — MM. Mièvre Antoine, maire; Bouvier Joseph; Viollet Jean-Pierre.

HAUTEVILLE. — MM. Ravoire François, maire; Perrissoud Reymond; Charvier Jean.

LORNAY. — MM. Comoz Louis, maire; Ramus Henri.

MARCELLAZ. — MM. Veiry, maire; Bauquis Pierre; Revens Jean.

MARIGNY-ST-MARCEL. — MM. Rassat J.-Baptiste, maire; Thomé Henri; Cochet François; Thomé Jean; Bruyère Ignace; Lansard Jean; Terrier Pierre.

MASSINGY. — MM. Bunoz Antoine, maire; Genoud François; Ducret Joseph; Ramaz Marie.

MOYE. — MM. Viret François, maire; Bouchardy François; Goddard Jean; Comoz Jean; Charvier Jean; Favre Jean.

SAINT-ANDRÉ. — MM. Terrier Joseph, maire; Goddet Charles-François; Perron Maurice.

SAINT-EUSÉBE. — M. Benoît François, propriétaire.

SALES. — MM. Jaccoud François, maire; Dufresne Claude.

SION. — MM. Ozier, maire; Ducret Marie; Pernoud Marie.

Thusy. — MM. Grillon Marie, maire; Raisin Eugène; Ravoire Antoine.

Vallières. — MM. Bosson Jean, maire; Laravoire Louis; Chaumontet Jean.

Vaulx. — MM. Laplace Louis, maire; Maillet Anthelme; Mathieu Philibert.

Versonnex. — MM. Perrissoud, maire; colonel Charles de Coucy; Pernoud François; Tranchant François; Laplace Jean.

USAGES

ET

RÈGLEMENTS LOCAUX

DU CANTON DE RUMILLY

Servant de complément à la loi civile.

CHAPITRE Ier. (1)

DE L'USUFRUIT

La loi a imposé à l'usufruitier l'obligation de consulter, pour le mode de sa jouissance, l'aménagement suivi par les précédents propriétaires, et, à défaut de notions précises sur ce point, l'usage constant des propriétaires de la localité.

SECTION 1re. — **Des bois taillis et de futaie.**

Les bois se divisent en bois taillis et bois de futaie.

Les premiers sont ceux qui n'ont pas atteint l'âge de trente ans (L. 3., Frim. an VII., art. 69.)

Les seconds sont ceux qu'on a laissés croître au-delà de cet âge.

Les bois soumis au régime forestier sont régis par les dispositions spéciales du code forestier. Il ne peut être ici

---

(1) Ce travail est en très grande partie tiré du remarquable ouvrage publié en 1855 par M. A. Pagès, aujourd'hui conseiller à la Cour d'appel de Grenoble, qui s'est empressé de nous donner sa bienveillante adhésion.

question que des bois des particuliers, dont ceux-ci ont l'entière disposition, conformément à l'art. 2 du code forestier, et sauf les restrictions spécifiées dans ce code.

Les taillis sont plus particulièrement considérés comme des fruits naturels de la terre, et l'usufruitier a le droit d'en jouir, en suivant l'aménagement du précédent propriétaire, ou l'usage constant de la localité. Il y a cependant une exception au droit de l'usufruitier, lorsqu'il résulte des circonstances, que l'intention formelle du propriétaire était de laisser croître son bois en futaie; car la loi lui a laissé toute latitude à cet égard, et l'usufruitier doit se conformer au mode d'exploitation qu'il trouve établi.

Dans le canton de Rumilly, l'aménagement des bois non soumis au régime forestier varie suivant leur nature. Le temps laissé entre les coupes varie suivant l'âge et la maturité du bois. Cet intervalle est de vingt-cinq à trente ans pour les arbres de haute futaie, et de six à huit ans pour les autres bois. Lors de l'exploitation des taillis, l'usage est de laisser des balivaux dans la proportion d'environ cinquante par hectare.

Section 2. — Des pépinières.

Il n'existe pas de pépinières dans le canton, et l'on se procure les plants dont on a besoin, soit chez les pépiniéristes étrangers, soit en greffant sur sauvageons.

Section 3. — Des échalas pour les vignes.

Il est d'usage que l'usufruitier prend dans les bois du domaine les échalas nécessaires aux vignes et aux treillages.

Section 4. — Des produits des arbres.

L'on ne couronne généralement pas les arbres. On laisse entre un émondage et le suivant un laps de temps de trois ans pour le bois tendre et de cinq ans pour le bois dur. L'élagage a lieu au mois de septembre et au printemps.

CHAPITRE II.

DES SERVITUDES

Section 1re. — **Des cours d'eau.**

Il n'existe, dans le canton, ni usages ni règlements pour la jouissance des cours d'eau qui n'appartiennent pas au domaine public.

Section 2. — **Du bornage.** *(Code civil, art. 646.)*

Le mode de bornage usité consiste dans la plantation de pierres brutes, et quelquefois taillées, de forme allongée, enfoncées profondément dans la terre, l'extrémité dépassant seulement de huit ou dix centimètres. On place dessous quelques débris de tuiles, de charbon de bois, ou des cendres. On y ajoute des cailloux cassés de manière à ce que les morceaux puissent se rejoindre, et indiquer qu'ils ont appartenu à un même ensemble; ces morceaux de cailloux sont placés aux côtés de la borne: on les nomme *témoins* ou *garants*. Ils indiquent la ligne séparative des héritages et servent à faire reconnaître les bornes.

Il arrive souvent qu'à l'extrémité des propriétés qu'il s'agit de borner, se trouvent des élévations, des escarpements ou des pentes résultant de l'inégalité du terrain, de la différence du niveau du sol, ou de l'action du labour, et qui sont connus sous le nom de *broue*. La *broue* est censée appartenir au propriétaire supérieur.

Section 3. — **Des murs de clôture.** *(Code civil, art. 663.)*

Il n'existe aucun règlement ni usage constant et reconnu, fixant la hauteur des murs de clôture dans les villes et faubourgs; les prescriptions de la loi devraient être observées entre voisins dans le cas, peu probable, de difficultés.

Section 4. — **Des maisons appartenant à plusieurs propriétaires.** *(Code civil, art. 664.)*

A défaut de titre, chaque propriétaire de partie d'immeuble jouit conformément aux règles établies par l'art. 664 du code civil. Il n'existe, à ce sujet, ni règlement ni usage.

Section 5. — **Du parcours et de la vaine pâture.**
(Loi du 28 septembre, 6 octobre 1791, art. 2 et 3.)

Le parcours et la vaine pâture sont généralement regardés comme contraires aux véritables intérêts de l'agriculture; aussi leur usage ne s'est maintenu, par suite de circonstances exceptionnelles, que dans la commune de Vallières, au chef-lieu et au village de Verlioz, sur deux parcelles de marais; et dans celle de Boussy, au village de Marlioz, sur une parcelle de broussailles.

Le grapillage, le glanage et le ratelage n'existent qu'à l'état de pure tolérance.

Section 6. — **Du ban de vendanges.**
(L. du 26 septembre, 6 octobre 1791, section 5, art. 2.)

L'usage du ban de vendanges existe dans les communes de Marigny-St-Marcel, Versonnex, St-André, Lornay, Vallières, Vaulx, Etercy, Sales, Bonneguête et Moye; mais seulement pour les mas de vignes appartenant à plusieurs propriétaires.

SECTION 7. — **De la distance à garder pour les plantations.**
(*Code civil, art. 671.*)

Il n'existe pas d'usage ou règlement contraires aux dispositions de l'art. 671 du code civil, qui sont observées partout.

SECTION 8. — **Des constructions qui peuvent nuire au voisin.** (*Code civil, art. 674.*)

Le règlement de voirie pour la ville de Rumilly du 17 avril 1872 trace les règles à suivre pour les constructions, les cheminées, fours, plantations, clôtures, etc. Il n'existe pas d'autres usages à ce sujet.

SECTION 9. — **Des servitudes de passage.**
(*Code civil, art. 682, 696.*)

Les passages qui peuvent s'exercer sur les fonds voisins sont de deux sortes : les passages proprement dits et le tour d'échelle.

§ 1er. — **Du passage proprement dit.**

Lorsqu'il s'agit de déterminer l'espace nécessaire pour l'exercice de la servitude, il importe de consulter les usages locaux.

Dans la pratique, on ne reconnaît que deux espèces de passages : le sentier à talon et le chemin de voiture. La largeur ordinaire du premier est de cinquante centimètres ; celle du second est de deux mètres dans les terrains en plaine et de trois mètres dans les terrains en pente.

Les sentiers d'exploitation, ou droit de passage, stipulés dans les actes sous la dénomination de passage, pour vêtir et dévêtir, s'entendent toujours d'un chemin à voiture ; à moins que, par exception, l'exploitation se fasse à dos d'homme, comme dans certaines localités abruptes.

§ 2. — De l'échelage.

Lorsque ce droit est établi sur un titre, si le titre est muet sur l'étendue du terrain consacré à l'exercice de l'échelage, il est admis que la largeur du terrain affecté au tour d'échelle est de un mètre cinquante centimètres, si la maison n'a qu'un rez-de-chaussée; et de trois mètres, si elle a un ou plusieurs étages ; et toujours à partir des eaux stillicides.

S'il n'y a pas titre, et que l'exercice de ce droit soit indispensable, parce que le propriétaire est dans l'impossibilité de faire à sa maison les réparations nécessaires sans passer sur le fonds de son voisin, celui-ci est tenu de lui concéder cette faculté, moyennant indemnité.

CHAPITRE III.

DU CONTRAT DE LOUAGE

Le louage est un contrat par lequel une des parties s'oblige à donner à l'autre, pendant un certain temps et pour un certain prix, la jouissance d'une chose ou celle de son travail.

Les usages locaux ont toujours eu beaucoup d'empire en cette matière. Le législateur qui y renvoie expressément dans les articles 1736, 1744, 1745, 1748, 1753, 1754 1757, 1758, 1759, 1762, 1777, y renvoie encore implicitement dans les articles 1728, 1738, 1774, 1775 et 1776 du code civil.

Ce chapitre aura pour objet de faire connaître successivement les usages du canton de Rumilly pour les baux proprement dits, les baux à cheptel et le louage des domestiques.

Section 1re. — Des règles générales des baux à ferme et à loyer.

§ 1er. — Durée des baux.

La durée ordinaire des baux d'une maison complète, d'un appartement composé de plus de deux pièces et d'un magasin, est d'une année.

Celle d'un petit appartement est de six mois.

Celle d'une chambre unique, garnie ou non garnie, est d'un mois.

Les baux des propriétés rurales n'excèdent pas neuf ans, dans tout le canton ; ils sont habituellement de trois, six ou neuf ans, avec faculté respective de dédit.

En cas de bail non écrit, il faut suivre les dispositions de l'art. 1774, et fixer la durée des baux selon l'assolement usité dans la localité

§ 2. — Entrée en jouissance.

L'entrée en jouissance des appartements, magasins, boutiques n'a pas d'époques fixes.

Quant à celle des biens ruraux, elle a lieu généralement le premier mars.

§ 3. — Payement des loyers et fermages.

Il n'y a pas d'époques fixes pour le paiement des loyers des maisons, appartements, boutiques, chambres, etc.

Les paiements pour les biens ruraux ont toujours lieu à la Saint-Jean (24 juin), et à la Saint-André (30 novembre)

Le premier terme des fermages n'a lieu que neuf mois après l'entrée en jouissance, c'est-à-dire le trente novembre ; et le dernier terme est payable avant la sortie, soit avant le premier mars.

§ 4. — Des congés.

Le congé des maisons, grands appartements et magasins doit être donné six mois à l'avance.

Celui des petits appartements, trois mois.

Celui des chambres, meublées ou non meublées, quinze jours.

Celui des biens ruraux, six mois.

§ 5. — Des déménagements.

L'usage n'accorde pas de délai de tolérance pour la sortie du locataire ou fermier, qui doit vider les lieux le jour même de l'expiration du bail, sauf les tempéraments accordés par les mœurs et les relations sociales.

§ 6. — Des réparations locatives.

Il faut ajouter, aux objets compris dans l'article 1754 du code civil, le ramonage des cheminées, le balayage des cours, escaliers, le logement des militaires, sauf stipulation contraire.

Pour les bâtiments ruraux, les fermiers sont chargés du regotoyage des toits : les matériaux sont fournis par le propriétaire, à qui incombe le salaire de la main-d'œuvre, le fermier nourrit et sert le couvreur. Lorsque la toiture est en chaume, la paille est fournie par le fermier, qui profite de l'ancienne. Les réparations locatives du four sont à la charge du propriétaire, ainsi que les réparations à faire aux mangeoires, aux râteliers, aux piliers et barres servant à séparer les bestiaux. Le ramonage des cheminées est à la charge du locataire. Les ustensiles aratoires et le mobilier de la maison de ferme doivent être rendus dans l'état où ils ont été reçus ; mais en tenant compte, *quant au mobilier seulement,* de l'usure.

Relativement aux terres, le fermier doit entretenir les fossés et canaux d'arrosage et de desséchement, élaguer les haies, maintenir les clôtures, entretenir les chemins, planter les arbres fournis par le propriétaire à la place de ceux qui viennent de périr.

Le propriétaire est tenu de fournir les échalas pour les vignes, si les bois du domaine n'en donnent pas une quantité suffisante.

En cas d'omission, ou de bail non écrit, le charriage des matériaux destinés aux réparations de la ferme, et pour les objets composant la réserve du bailleur, est à la charge de ce dernier.

SECTION 2. — **Des règles particulières aux baux à ferme.**

§ 1ᵉʳ. — **Des assolements.**

Il est nécessaire de connaître l'assolement suivi dans une localité et les diverses rotations de culture en usage, soit pour régler la durée des baux sans écrit et de ceux qui résultent de la tacite reconduction (Code civil, art. 1774), soit pour apprécier le mode de culture du fermier ou de l'usufruitier.

L'assolement triennal est à peu près le seul usité : 1° récolte sarclée ; 2° blé fin ; 3° seigle. Il arrive assez souvent que, dans les récoltes en herbe, soit de froment, soit de seigle, on sème au printemps de la graine de trèfle, qui ne se récolte que l'année suivante. Après l'avoir fauché deux fois, on sème encore du froment, et successivement du seigle et de l'avoine, sans aucun nouvel engrais. Les champs de luzerne et de pelagras durent de cinq à dix ans, selon la nature du sol ; lorsqu'ils ont cessé de produire en quantité suffisante, on laboure pour semer du froment, puis du seigle ou de l'avoine, le tout sans engrais.

Dans certains terrains privilégiés, mais assez rares, l'assolement est biennal ; c'est-à-dire que le froment est récolté tous les deux ans ; et, dans l'intervalle, on sème du trèfle, des pommes de terre, haricots et autres menues récoltes.

La jachère est à peu près inconnue dans ce canton.

L'assolement, dans une ferme, est combiné de telle sorte que la moitié des terres est ensemencée en grosse récolte de céréales ; *cette quantité peut être portée aux deux tiers*, le surplus porte la récolte du printemps et doit recevoir la grosse récolte de l'année suivante, avec ceux des fonds qui peuvent en porter une seconde.

§ 2. — **Du chargé.**

Les bestiaux, semences et outils aratoires nécessaires à l'exploitation du domaine affermé sont fournis tantôt par le fermier, tantôt par le propriétaire, tantôt par le fermier et le propriétaire tout à la fois. Dans ces deux dernières hypothèses, l'état et la valeur du cheptel donné par le propriétaire au fermier, sont constatés par un acte qu'on appelle *chargé*.

L'usage du canton, relativement aux conséquences du *chargé*, est conforme aux règles tracées par le code civil, (article 1821 et suivants), et le fermier est tenu de rendre, à sa sortie, un cheptel de valeur égale à celui qu'il a reçu.

§ 3. — **Transition d'un bail à un autre.**

L'article 1777 du code civil s'en rapporte à l'usage des

lieux pour la transition d'un bail qui finit à un bail qui commence.

Les moyens en usage, dans le canton de Rumilly, pour ménager cette transition, sont les suivants :

Au moment de l'entrée du nouveau fermier dans la ferme, il est procédé à l'inventaire des objets qui constituent le *chargé*. L'ancien et le nouveau fermier désignent chacun leur expert. La décision de ces deux experts a force de loi entre les parties, et doit être exécutée sous la responsabilité du propriétaire : s'ils ne s'entendent pas, ils s'adjoignent un troisième expert.

Avant l'enlèvement de la récolte, c'est-à-dire vers l'époque de la Saint-Jean (24 juin), les mêmes experts complètent l'opération précédente par l'expertise de l'ensemencé et de l'état de recevabilité de la récolte.

Voici quelles sont les règles suivies par ces experts :

Si la quantité de la récolte représentée par l'ancien fermier est supérieure à celle qu'il a reçue, l'excédant lui appartient, à la condition toutefois que la quantité de terrain ensemencé à représenter n'ait pas été dépassée, et, dans ce cas, *par exception*, les experts ne sont pas tenus de se limiter au maximum de la recevabilité, qui est de 6 pour 1, comme il est indiqué ci-après. Si elle a été dépassée, l'excédant est divisé par moitié, pourvu qu'il soit établi par l'expertise que l'augmentation de l'ensemencé est au bénéfice de la ferme, et a été produite par suite de l'amélioration du domaine et du travail intelligent du fermier sortant, auquel il n'est pas tenu compte des semences qu'il a fournies pour cette plus grande surface de terrain encemencé.

La surface du terrain ensemencé des diverses natures de récoltes est mesurée. La quantité de semence nécessaire est calculée à raison de 250 litres par hectare, pour le froment ;

de cent quatre-vingt litres par hectare, pour le seigle ; de 200 litres par hectare, pour le méteil.

L'ensemencé, pour être recevable, doit donner un rendement de 1440 litres par hectare, soit 6 pour 1.

Le seigle, le méteil, le trèfle et le pelagras sont placés sur le pied d'une égale valeur ; la luzerne équivaut au froment ; et l'on peut opérer la compensation entre ces diverses natures de récolte.

La compensation s'opère également, pour les natures de récolte ci-dessus désignées, entre plusieurs parcelles de surface ensemencées.

La valeur du pré naturel est égale à celle du froment (grain et paille), lorsqu'il y a eu défrichement. Si le pré naturel a été créé par le fermier, il lui est payé au taux recevable du froment, pourvu qu'il soit bien établi par les experts que cette création est utile à la ferme.

Lorsque, par suite des compensations ci-dessus opérées, l'excédant à diviser consiste en fourrages, le fermier sortant devient proprié aire de la moitié de cet excédant de fourrages, sauf le droit du propriétaire de la garder, en en payant la juste valeur.

Si le fermier sortant représentait une quantité de fourrages ou engrais supérieure à celle qu'il a reçue, il ne pourrait ni l'enlever, ni la faire consommer, ni en réclamer le prix ; car fourrages et engrais restent acquis à la ferme.

Section 3. — **Des baux à moitié fruits.**

Le bail à moitié fruits est celui dans lequel le fermage est acquitté au moyen du prélévement par le propriétaire d'une quote-part en nature des fruits de l'immeuble affermé. Il faut distinguer ce bail de celui où le prix est stipulé payable en denrées, et dont on ne trouve pas d'exemples dans le canton de Rumilly.

Les métayers fournissent ordinairement tout leur mobilier de ménage et les outils aratoires. Les bestiaux sont fournis par moitié, et les profits et pertes sont partagés : il arrive quelquefois cependant que le propriétaire fournit une part plus considérable que le fermier, qui devient alors son débiteur d'autant, sans dérogation à la régle que les bestiaux sont leur propriété commune.

Le métayer est tenu des prestations en nature pour les chemins vicinaux : il paye la moitié de l'impôt foncier.

La condition du métayer est la même que celle du fermier ordinaire, quant aux réparations d'entretien : il doit les charrois nécessaires à cet effet.

Tous les fruits sont partagés par moitié, prélèvement fait des semences.

Si le domaine ne produit pas d'engrais suffisants, le surplus est acheté à moitié.

Le métayer doit le vin cuvé et façonné, le chanvre rouï, séché et la récolte rendue à domicile.

Il existait autrefois, dans les environs de la ville de Rumilly, une espèce de bail de cette nature appelée *tâche*, d'après lequel le *tâcheur* était logé et ne fournissait que son travail. Les fruits étaient divisés en proportions diverses, suivant leur nature : le propriétaire prenait la plus grande part ; il avait le droit d'expulser le *tâcheur* après l'achèvement des travaux, au mois de novembre. La condition du *tâcheur* était des plus précaires. Cet usage, très ancien, tend heureusement à disparaître.

Section 4. — **Du bail a cheptel.**

Le bail à cheptel proprement dit est assez rare dans le canton de Rumilly ; à l'exception du cheptel donné par le propriétaire au fermier, et qui est ordinairement régi par les articles 1831 et suivants du Code civil.

Section 5. — **Louage des domestiques.**

Les domestiques se louent sans écrit, à l'année, ou sur le pied de tant par an.

Quand les domestiques sont loués à l'année, le contrat ne peut être résilié pendant sa durée, de part ni d'autre, sans indemnité, que pour des causes graves, dont l'appréciation est laissée à la sagesse du juge ; si ces causes n'existent pas, il y a lieu à une indemnité qui varie suivant les circonstances, et qui est plus ou moins forte suivant la saison et la difficulté plus ou moins grande que le maître peut avoir à trouver un domestique, et celui-ci une bonne place.

Les domestiques employés aux travaux des champs et à une exploitation agricole sont censés loués à l'année, par suite de la nécessité où l'on se trouve de faire, à des époques déterminées, des travaux qui ne peuvent souffrir aucun retard, et pour lesquels il importe d'avoir, au moment même, les bras nécessaires.

Ils entrent en service le 25 mars, dans la partie sud du canton, soit dans les communes de Marigny-St-Marcel, Bloye, Massingy, Moye, Lornay, Rumilly, Sales, Etercy, Marcellaz et Boussy.

Dans les communes de Saint-André, Sion, Vallières, Hauteville, Saint-Eusèbe, Vaulx, Thusy, Versonnex, Bonneguête et Crempigny, l'année commence le 2 février pour les hommes et le 25 mars pour les femmes.

Les contrats de louage des domestiques sont scellés ordinairement par des arrhes remises par le maître au domestique. L'usage est conforme, en cette matière, aux règles de l'article 1590 du code civil. En cas de dédit de la part de l'une ou de l'autre des parties, celui qui a donné les arrhes les perd ; et celui qui les a reçues les double. Toutefois, l'exercice de cette faculté n'existe que pendant les huit premiers jours du marché.

Les arrhes sont ordinairement imputées sur le prix du louage ; cependant elles sont quelquefois acquises au domestique à titre d'étrennes.

Les règles relatives aux domestiques ruraux ne sont pas applicables à ceux dont les services ont une égale importance pendant toute l'année, comme les cuisinières, femmes de chambre, cochers, valets de chambre ; ils sont censés loués à tant par an, et peuvent toujours quitter et être renvoyés sans indemnité, après un avertissement de *quinzaine*.

Quand le maître n'a pas renouvelé le bail avec son domestique à l'époque du premier janvier, celui-ci comprend qu'il ne doit plus rester et se loue ailleurs. Le silence, en pareil cas, équivaut à un congé, et l'on ne peut invoquer la tacite reconduction.

Section 6. — Moulins, artifices, mouture.

Les moulins à blé et les artifices destinés, soit à exprimer l'huile, soit à piler les fruits, grains, chanvre, etc., soit à scier les bois, sont loués à tant par an ou à moitié. L'état et la valeur de tout l'outillage sont constatés, par un inventaire, au moment de l'entrée en jouissance du locataire, qui doit rendre cet outillage dans l'état où il l'a reçu, l'usure restant exclusivement à sa charge, si le prix du bail est payable en argent.

Le meunier se rend chez les particuliers qui font moudre leur blé. Il prend livrance du grain, et rapporte à domicile la farine et le son.

Le salaire de la mouture et du transport est payé en argent ou en nature : dans le premier cas, il est fixé à six centimes par franc du prix du blé, suivant la mercuriale ; dans le second cas, le meunier se retient le cinq pour cent du poids livré, plus un kilo, à titre de déchet, par chaque sac de grain livré.

Le meunier est tenu de rendre à celui qui lui a donné à moudre : 59 kilos de farine, 14 kilos de son et 5 kilos de *reculée*, soit résidu de mouture, pour chaque quantité de 80 kilos de grains.

CHAPITRE IV.

MATIÈRES DIVERSES

Section 1re — **Des frais d'exhumation.**

« Pour les frais d'exhumation des cadavres, on suivra « les tarifs locaux. » (Tarif des frais en matière criminelle, art. 20 du règlement du 18 juin 1811.)

On ne peut citer qu'un tarif local sur cet objet : c'est celui qui est établi par un règlement de la ville de Rumilly, du 1er décembre 1868, dont l'art. 66 est ainsi conçu :

« En cas d'exhumation autorisée, le salaire du fossoyeur sera de huit francs, il ne pourra rien exiger au delà de cette somme, même pour la réinhumation, si elle a lieu dans le cimetière. »

L'art. 65 porte : « Il est défendu au fossoyeur, à peine de destitution, de faire ou permettre qu'il soit fait, sous quelque prétexte que ce soit, aucune exhumation ni aucun enlèvement ou déplacement de cadavre ou d'ossements autres que ceux ordonnés par la police judiciaire ou autorisés, à la requête des particuliers, par l'autorité municipale. »

L'on est dans l'habitude d'adopter cette base, en cas d'exhumation ordonnée par la justice, et lorsque une opération de la médecine légale rend nécessaire l'aide d'un manœuvre pour assister le médecin opérateur.

Section 2. — **Des anciennes mesures.**

Le système métrique, dont la connaissance est aujourd'hui universellement répandue, a supprimé les anciennes mesures locales. Toutefois, dans un grand nombre de circonstances, il est nécessaire de connaître ces anciennes mesures pour apprécier certaines stipulations de contrats passés sous leur empire.

§ 1er. — **Mesures agraires.**

Les mesures agraires du canton de Rumilly et leurs subdivisions étaient :

1° Le *journal*, qui contient 400 toises, soit 29 ares 48 centiares 37 décimètres carrés.

2° La *toise*, qui contient 8 pieds, soit 7 ares 37 centiares 9 décimètres carrés.

3° Le *pied*, qui contient 12 pouces, soit 92 décimètres carrés.

4° Le *pouce*, qui contient 12 lignes, soit 7 décimètres carrés.

Observation. — *L'hectare* vaut 3 journaux 156 toises.

La *ligne*, en longueur, vaut : 0^m 00235672........
Le *pouce*, en longueur, vaut : 0^m 02828069........
Le *pied*, en longueur, vaut : 0^m 3393683.........
La *toise*, en longueur, vaut : 2^m 714946.........

§ 2. — **Mesures de capacité pour les grains.**

Les mesures en usage pour les grains étaient : le *veissel*, et le *quart*.

Le *veissel* contient six *quarts*, et équivaut à 88 litres 80 centilitres.

Le *quart* contient 14 litres 80 centilitres.

§ 3. — Mesures de capacité pour les liquides.

Les mesures de capacité pour les liquides sont plus nombreuses et plus variées. Ce sont : le *barril*, le *pot*, la *pièce*, la *sommée*, le *seitier*.

Le barril est de 20 pots, si le vin est mesuré après la clarification, et de 21 pots s'il est mesuré sous le pressoir. Dans les cantons d'Albens et de Ruffieux il est de 44 litres 25 centilitres. Il contient 60 litres dans les communes du canton d'Annecy qui avoisinent celui de Rumilly, et dans la commune de St-Sylvestre qui fait partie du canton d'Alby.

La *sommée* est de 120 litres. On s'en sert généralement dans les deux cantons d'Annecy.

La *pièce*, en usage dans le canton de Seyssel, est de 216 litres.

Le *seitier*, dont on se sert généralement dans le canton de Frangy, est de 54 litres.

GLOSSAIRE *de quelques mots particuliers employés dans les anciens titres, ou conservés par l'usage et dont l'intelligence peut être nécessaire.*

Albergement, espèce de bail emphitéotique.

Bachasse, abreuvoir, bassin de fontaine.

Balme, Baulme, ou *Baume,* signifie un rocher ou une cavité sous un rocher, une grotte ; tantôt c'est un territoire couvert de vallons et coupé de bois.

Benne, espèce de caisse ou panier en bois ou en paille pour contenir les fruits.

Barrot, char à deux roues, en usage dans la campagne.

Barrotée, charge du barrot.

Cayon, porc, cochon.

Châlâ, signifie passage ; faire la châlâ, frayer un passage, un chemin ; spécialement chemin frayé dans la neige.

Chenevotte, tige desséchée du chanvre.

Combe, plaine étroite, resserrée entre deux collines.

Combée, certaine quantité de chanvre, blé et autres denrées, destinée à être macérée sous la pierre du battoir.

Cortil, jardin.

Cotonne, toile de fil et de coton.

Crez, sommet, pic.

Crueisû, lampe.

Cumacle, crémalière.

Daloeire, large hache destinée à affranchir la vendange sur le pressoir.

Drôleries, pot de vin, épingles d'un marché.

Dérocher (Se), tomber du haut d'un arbre, d'un échelon, d'un lieu élevé.

Embringués ou *imbringués*, se dit des fonds sur lesquels il existe des hypothèques, privilèges ou autres droits réels ; embarrassé.

Etroubles, champ qui vient d'être dépouillé de sa récolte.

Faicelle, vaisseau pour faire cailler le lait.

Fayard, hêtre, du mot celtique *fay*.

Fiâ, les fëiés, brebis.

Garandage, cloison en planches et mortier.

Gève, buffet en osier servant à retirer le lait.

Gouei, serpette à tailler les arbres.

Hautins, huttins, treilles.

Joucles, courroies de cuir qui attachent les bœufs au joug.

Méteil, mélange de froment et de seigle.

Mècle, mélange de foin et de paille pour le bétail.

Mollard, amas de terres transportées ; hauteur, élévation.

Motte, tourbe artificielle faite avec le tan qui a servi à la préparation des cuirs.

Ollo, marmitte, pot.

Pasquiers, pâturages.

Passei, pecho, échalas.

Pate, chiffon.

Pisé, mur de terre battue.

Pognes, gâteaux.

Poële, peylo, pièce principale des habitations de la campagne, où se réunit la famille ; elle est située à côté de la cuisine, dont le même feu la réchauffe au moyen d'une plaque en fonte placée dans la cloison.

Rafour, four à chaux.

Raviolle, pâtisserie grossière.

Reculée, remoulure, résidu de mouture.

Regoloyage, opération de réparer les toits des maisons.

Rioute, lien d'un fagot.
Rile, filasse de chanvre.
Sommée, mesure de capacité usitée pour le vin.
Tridaine, étoffe pour vêtement.
Tronche, tronc d'arbre.
Tine, cuve.
Tomme, fromage mou.
Vi, chemin à voiture.
Vionnet, sentier à talon.
Vogue, fête patronale de chaque commune.

TABLE DES MATIÈRES

www.ingramcontent.com/pod-product-compliance
Lightning Source LLC
LaVergne TN
LVHW010232060726
842519LV00014B/1214